CONVERSACIONES DE PODER

CREANDO LA VISIÓN DE MI MUNDO

KORA SÁNCHEZ

Trafford rev: 01/13/2012

   www.trafford.com

Para Norteamérica y el mundo entero
llamadas sin cargo: 1 888 232 4444 (USA & Canadá)
teléfono: 250 383 6864 ♦ fax: 812 355 4082

AGRADECIMIENTOS

Gracias a ti, lector(a), ser humano, completo y perfecto, comprometido a vivir cada momento de tu vida al máximo y a dejar un valioso legado para la humanidad. Gracias por la oportunidad de conectar a través de este libro y ser equipo para crear nuestros sueños.

Gracias a Emilio, mi marido, apoyo incondicional que me enseña a disfrutar los pequeños detalles que hacen que todo valga la pena.

A mis hijos, Ada Nicole y Miguel Ángel, mi inspiración para crear un mundo lleno de amor, salud, abundancia y juegos donde todos ganamos. Mi legado es para ustedes.

A mi mamá, dama de luz que crea resultados extraordinarios donde se para. Gracias por demostrar que se puede tener todo en la vida, dejar un legado al mundo y darle amor y tiempo a mi familia. Gracias por convertir este proyecto en una oportunidad para conocernos, divertirnos y amarnos. Estoy orgullosa de que tú seas mi madre.

A todos los seres humanos que han hecho de su vida un legado para crear y desarrollar Transformación Humana. En especial a mis primeros entrenadores, Hugo Galmarini y Esther Riveramelo, que siempre han creído en mí y me enseñaron a amar. Y a todos los entrenadores de transformación que son un pilar firme para la humanidad y una invitación a vivir en el camino del corazón. En especial, a los entrenadores que han aportado directamente a mi vida: Alexander Everett, Dr. Ray Blanchard, Bettie Spruill, Gabriel Nossovitch, Cara Barker, Carlos Fernández, Terry Tillman, Jack Zwissig, Chris Lee, John Hanley, Jim Hellam, Ken Cushman y Dawnelle Highland.

ÍNDICE

Introducción   **11**

Transformación Humana   **15**

Enrolamiento   **27**

Una vida extraordinaria y balanceada   **49**

Efectividad personal y aprendizaje continuo   **75**

Compromiso   **83**

Afirmaciones diarias   **89**

Testimonios   **97**

INTRODUCCIÓN

Este material está dirigido a ti, ser humano comprometido con una vida extraordinaria.

Te invito a que escuches las preguntas de tu mente y respondas con el corazón, logrando sabiduría interna y la máxima manifestación en este mundo.

Con esta sabiduría puedes aprender a crear contextos de poder y generar los resultados que declaras, disfrutando del proceso, del aprendizaje, y mostrándote como un ser poderoso para tu familia, tu comunidad y el mundo.

¿Qué es Transformación Humana? ¿Para quién es Transformación Humana? ¿Para qué sirve Transformación Humana? Quizás éstas son algunas de tus conversaciones internas cuando escuchas el término. Posiblemente cuestionas: ¿Quién me va a transformar?, ¿en qué? La belleza de esta tecnología es que es un viaje de auto descubrimiento de tu ser, propósito, visión de mundo y conexión espiritual para que tú veas y modifiques las interpretaciones con las que vives. Tú eliges qué tan profundo llegar, qué crear y si debes seguir o no este camino.

Desde 1998 apoyo a empresas globales y viajo a varios países, disfrutando el privilegio de conocer personas, costumbres, maneras de pensar y conversaciones. He notado una evolución en la manera de hacer negocios y vivir de millones de familias. Antes se distinguían dos grupos: los interesados en lo espiritual y los ocupados en las prácticas del mundo laboral y social.

En los últimos años se ha aceptado que somos seres espirituales, sabios, capaces de crear un futuro distinto. Ya no son una o dos, sino miles las empresas que viven los beneficios de distinciones de transformación, creando contextos de poder, abundancia y juegos donde todos ganan. Como resultado, se mantienen vivas y creciendo en tiempos de crisis.

Ésta no es una nueva religión, secta o culto, sino principios, reglas y distinciones que probablemente no te enseñaron en casa ni en la escuela y sólo han poseído los "elegidos". Es un fundamento vital en tu formación como ser humano y puede ser un excelente complemento para tu religión, cualquiera que sea.

Varios entrenadores han hecho grandes contribuciones a mi vida. Ejemplifiqué su importancia con epígrafes en cada capítulo. ¿Quién inventó en realidad esas frases? No lo sé. Entre más entrenadores conozco y más autores leo, me doy cuenta de que ellos lo tomaron de alguien y esas personas tuvieron un antecesor. Es una cadena de sabiduría que, creo, nace de la consciencia universal. Ahora, yo las comparto por quien las introdujo a mi vida.

El mensaje es claro: Esta sabiduría es accesible para todos. Presento este material, basado en mi experiencia y en lo que enseño, desde mi corazón, de manera práctica, ligera y digerible.

TRANSFORMACIÓN
HUMANA

En donde estoy vibrando, estoy creando.
Dr. Ray Blanchard

La programación o educación básica del ser humano, generalmente, se ocupa de qué necesitamos HACER para lograr objetivos. Por ejemplo, si quieres ser inteligente, ¿tienes que...? Estudiar. Si quieres tener dinero, ¿tienes que...? Trabajar. Si quieres ser aceptado en sociedad, ¿tienes que...? Casarte y tener tu propia familia. Hacemos cosas para TENER. ¿Te suena lógico? ¿Te suena conocido? ¿Es éste el espacio de posibilidades donde te mueves?

¿Alguna vez has escuchado la frase "YO SOY"? Quizá la relacionas con tu creador. Esto, indistinto de tu religión o cultura. Cuando hablamos del creador, hablamos del SER. ¿Esto te da alguna pista? ¿Será que la fuente de creación viene del *ser* y no del *hacer*? Transformación Humana plantea esta posibilidad. Para tener resultados extraordinarios, la fuente de creación está en el ser, no en el hacer. Te ofrezco un ejemplo.

Una madre se compromete a una relación extraordinaria con su hijo adolescente. Sueña con tener un vínculo de amistad, apertura, amor y aceptación. Decide HACER algo para mejorar la relación. Entonces, lo invita al cine. Le cuesta trabajo convencerlo pero, por fin, van los dos en el automóvil camino a la función. Mientras la madre maneja, va escuchando su conversación interna de inseguridad y pensando lo que debería decir o preguntar. Se pregunta qué estará pensando él y si aprueba la vestimenta que ella lleva. Se cuestiona si él se avergonzará si sus amigos lo ven con ella. De pronto, han llegado. Se bajan del vehículo, se dirigen a la taquilla y la madre decide que van a ver lo que él elija, porque es su noche. Entran a la sala. Al terminar la proyección, regresan al automóvil. Nuevamente, ella escucha su conversación interna de inseguridad: qué opinión debería compartir para que él no piense que es anticuada, ¿se apenó cuando los vio su compañera de salón? Decide no decir nada. Llegan a casa. Él se encierra en su habitación. Ella se dirige a la cocina. ¿Qué paso? La madre no se explica cómo, a pesar de todo lo que HACE, tiene el mismo resultado. ¿Te has encontrado en una situación similar?

Veámoslo desde el punto de vista de la transformación. Si esa mamá elige SER diferente, en vez de mostrarse insegura, distante, callada, analítica y juiciosa al convivir con su hijo... se mostrará segura, abierta, en comunicación, en aceptación y de corazón... Su conversación interna será de seguridad, poder y valoración. ¿Qué relación creará con su hijo? Podrá elegir HACER cualquier cosa con estas nuevas maneras de SER, como estar en el cine, el circo o no ir a algún lado y generar una relación maravillosa con su hijo. ¿Qué genera la gente segura, amorosa y abierta?

Visualiza el nuevo resultado. Imagina a la misma mujer invitando a su hijo al cine y mostrándose en seguridad, gratitud y amor. Le platica lo agradecida que está porque él llegó al mundo y la eligió como su madre, lo grato que es verlo desarrollarse y lo orgullosa que está de él. Al salir del cine, le pregunta que le pareció la película y lo escucha con atención y aceptación. Quizás ahora la relación empieza a transformarse. Si esa madre mantiene estas conversaciones internas y las nuevas maneras de SER, logrará la relación de amistad, amor, aceptación y conexión que quiere. ¿Será que el poder de creación no está en lo que HACEMOS, sino en cómo SOMOS? Con estas nuevas maneras de ser, la madre creará la relación que desea.

Si estás alerta y rediseñas tus maneras de ser, crearás los resultados extraordinarios que has soñado. El hacer es importante, pero el poder está en el ser. Se requieren acciones comprometidas y alineadas con quien estamos siendo ahora.

Seguramente has escuchado la frase: "Es ilógico pensar que haciendo lo mismo vamos a tener resultados diferentes". Velo así: "Es ilógico pensar que siendo de la misma manera tendremos resultados diferentes". Si tienes conversaciones de ser tímido, de ser inseguro y ése es el espacio de donde partes para ser, ¿qué resultados puedes crear? ¿Qué genera la gente insegura, tímida, callada, que cree que no vale? El resultado no es creado por las acciones, sino por las conversaciones internas y las maneras de ser. Por ejemplo, ir a varias entrevistas de trabajo, estudiar en la mejor universidad, el círculo de amigos que tienes, la ropa que usas, el carro que manejas, etcétera. Si tu punto de partida es inseguridad y creer que no vales, ¿qué resultados puedes crear? O quizá sí crees que vales... poquito. Un sueldo de más de seis dígitos en dólares es demasiado para ti. Una relación fiel, amorosa y abundante quizás no puede ser para ti y prefieres conformarte con menos. Un trabajo que amas quizás no es posible, sólo uno donde estás "mejor" que los demás. La ecuación es fácil, no se requiere ser matemático. Tienes los resultados en relaciones, salud, economía, nivel educativo y felicidad que, con una idea limitada de quién eres, crees que puedes tener.

Transformación Humana te ofrece un contexto poderoso para que descubras quién eres, tu ser y el espacio de poder en el que puedes crear ilimitadamente.

A lo largo de tu vida te has asociado con una imagen de ti. Posiblemente ha sido tal tu compromiso con esa imagen que crees que eso ES quien eres. Posiblemente estás convencido de que tus creencias, tu religión, tus tradiciones familiares, lo que te rodea, tu nombre, tu profesión y lo que forma tu caja de posibilidades es quien eres. Esto no es ni bueno ni malo, simplemente es el espacio donde puede ser que estés.

La invitación es a que descubras quién eres en realidad. Que te pares en la posibilidad de ser el observador de tu vida, tu imagen, tus resultados, y estar atento a la posibilidad de elegir una realidad distinta. ¿Quién eres en realidad? ¿Para qué estás aquí? ¿Cuál es tu propósito en este mundo?

Cuando descubres quién eres, puedes estar alerta a las maneras de ser que forman tu contexto de vida, el contenedor donde aparecen los resultados de tu existencia, completamente invisible y creado por tus maneras de ser. Si las maneras de ser son de egoísmo, enojo, tristeza, no valer, escasez, ¿qué resultados de vida podemos crear? Divorcio, soledad, pobreza, enfermedad, traición, etcétera. Estos resultados son creados por el espacio donde se tomó la acción, no por la acción. Si las maneras de ser son de amor, respeto, abundancia, gene rosidad y comprensión, ¿qué resultados podemos crear? Matrimonios amorosos y fieles, niños felices, familias unidas, comunidades en armonía, independencia financiera, paz mundial y otros resultados extraordinarios.

Un ejemplo práctico: Imagina un lugar de sequía, calor, víboras de cascabel, cáctus... sí, un desierto, ¿pueden florecer rosas?, si florecieran, ¿cuánto tiempo se mantendrían? Si deseas recibir detalles extraordinarios de alguien y no los recibes, puede que se deba al contexto que estás creando con tus maneras de ser.

Si hay humedad, clima fresco, aves, agua... ¿podrán florecer rosas? ¿Cuánto tiempo se mantendrán? Si gozas de detalles extraordinarios es porque generas un contexto para que florezcan.

Lo limitante aparece cuando te casas con maneras de ser, crees que eso es lo que eres y te convences de que no hay otra posibilidad. Creamos filtros a través de la moral, los valores, la educación, la religión y las tradiciones. Vemos el mundo a través de esos filtros y creamos interpretaciones que no siempre son reales, son sólo nuestra realidad. Así distinguimos lo bueno y malo, lo importante y lo intrascendente. Mi pregunta es: ¿Estás viviendo la vida que quieres para ti?, ¿o estás viviendo la vida que alcanzas a ver a través de estos filtros?

¿Y si existira otra existencia? ¿Cómo te manifestarías? ¿Será tiempo de empezar a crear nuevos resultados en tu vida? ¿Será posible que en vez de casarte con ideas arcaicas y con tu razón, te ancles con tu habilidad de reinventarte todas las veces necesarias para crear una vida extraordinaria? En vez de pensar que eres enojón y triste, ¿puedas explorar la posibilidad de que, si bien te has mostrado así, no es eso quien eres y hay otra posibilidad de vida? La elección es tuya, tú sabrás si únicamente abres la puerta a una vida trazada por tu pasado y tu programación y educación, o le sacas jugo creando nuevas posibilidades.

¿Cuál es tu compromiso? ¿Tener razón o tener lo que quieres? Imagínate que no tuvieras razón sobre tu idea de quién eres. Si dejaras de tener razón de ser una persona de carácter fuerte, perfeccionista, descuidada, desenfocada, etcétera. Nota las puertas que se empiezan a abrir con nuevas posibilidades y nuevos caminos de vida.

Hay quien dirá ¡Sí! ¿Cómo lo hago? ¿Cuál es la receta mágica? Lo vas creando cuando tu intención está clara. Simplemente enfócate en la pregunta y escucha las señales y las posibilidades que te presenta la vida. No es tan fácil cuando uno inicia. Transformación Humana te provee de contextos de poder para que descubras tu camino. Esta tecnología la puedes adquirir por medio de entrenamientos: ejercicios y dinámicas en los que vas descubriendo tus conversaciones, las maneras de ser con las que te muestras al mundo y los resultados que generas. También descubres, nuevas y auténticas maneras de ser que otorgan un espacio de poder en el que aparecen resultados con facilidad. Al adoptar estas prácticas te mantienes en este espacio de resultados y creas confianza en ti mismo y en que esta nueva posibilidad es una realidad que puedes vivir. ¡Una realidad que puedes crear y mereces! Los resultados que has soñado empiezan a florecer en tu vida. Va a requerir de tiempo, esfuerzo, rediseño constante e inversión económica. Te vas a poner en riesgo. Pero éste es un riesgo con resultados garantizados. Lo que buscas ya está en ti. Vas a aprender a descubrirlo y a vivir desde tu espacio de poder.

Haz un compromiso personal de crear este mundo momento a momento. Declara maneras de ser que sean congruentes con la visión de tu mundo. Ejemplo:

- Yo soy una mujer amorosa, sana, abundante y unida.

- Yo soy un hombre limpio, transformado, amoroso y fiel.

- Yo soy una líder pacífica, abundante, apasionada y amorosa.

Yo soy:

....

....

....

....

....

....

....

....

....

....

ENROLAMIENTO

La vida es un juego de enrolamiento.
¿Tú enrolas a otros u otros te enrolan ti?
Dra. Esther Riveramelo

¿Qué es enrolar? ¿Para qué enrolar? ¿Para quién enrolar? ¿A quién enrolar? ¿Cómo sería tu existencia si tuvieras la capacidad de enamorar a otros para una vida extraordinaria? Enrolar a una existencia de amor, abundancia, armonía, unidad, salud, donde hay juegos ganar-ganar, y cada ser humano es valorado y respetado. ¿Cómo sería tu vida con esa capacidad? La capacidad de generar que otros no sólo piensen en una nueva realidad, sino que LA VIVAN. Quizás te manifestarás como un ángel, un mensajero. Serías un líder que genera nuevas posibilidades de vida aun en contra de las evidencias o la corriente de pensamiento. ¿A qué seres conoces tú que han logrado esto? ¿Qué tienen ellos que no tienes tú?

¿Qué podrías ganar en tu vida si esto fuera posible? ¿Cómo se vería tu familia si todos sus miembros empezaran a vivir esta nueva posibilidad? Imagínate las relaciones de amor, aceptación y armonía, intercambiando puntos de vista, escuchándose, respetándose y ocupándose de que todos ganen. Si se toma una decisión, todos los votos cuentan.

¿Cómo se vería tu comunidad si todos sus integrantes empezaran a vivir? Respeto por los ancianos, niños felices y valorados, armonía, seguridad en las calles, abundancia, aceptación y amor por el regalo de vida que cada ser humano ofrece.

¿Cómo se vería tu país si los ciudadanos empezaran a vivir esta posibilidad de vida? Ciudadanos honrados, respetuosos, exitosos, unidos, pacíficos, en donde todos ganan.

¿Cómo se vería tu mundo si los habitantes empezaran a vivir esta posibilidad? Con aceptación y valoración de culturas, costumbres, razas y religiones, con paz, armonía y colaboración entre naciones, abundancia de alimentación, salud, ecología y economía.

Te tengo noticias: Tú tienes todo lo que requieres para crear esto y más.

¿Qué estás experimentando ahora? ¿Qué dice tu mente? Recuerda que sólo pretende cuidarte y mantenerte en espacios cómodos y conocidos. ¿Qué dice tu corazón? Quizás brinca, vibra con esta posibilidad de grandeza con la que naciste.

El camino del ser humano que enrola a su visión del mundo no es el más fácil, pero sí el más poderoso y pleno. Tal vez necesites rediseñarte más veces de las que crees posible, ya que se te presentarán más lecciones de vida de las que puedes imaginar y vas a vivir en un espacio de consciencia, poder y energía que posiblemente desconocías.

Tú decides qué vida llevarás. Ya estás aquí. ¿Para qué estás aquí? ¿Cuál es tu contribución a este mundo? ¿Cuál legado? ¿Cómo serás recordado?

Si tú lo eliges, puedes iniciar este camino y aprender a rediseñarte y reinventarte momento a momento para ser altamente efectivo enrolando. Habrá quienes se enrolen solos. Simplemente con verte, te admirarán y procurarán estar cerca de ti para disfrutar de quien eres y de tus logros. Querrán aprender lo que sabes para descubran su propio camino. Te dirán: "¡Anda, platícame! ¿Qué hiciste? ¡Quiero saber!, ¡yo también quiero vivir así!"

Habrá quienes no alcancen a ver la luz con la que vives. Están perdidos y cegados en el único contexto de vida que ven posible. Quizás requieran que te rediseñes y muestres tu amor, tu alta energía, tu vulnerabilidad, tu compromiso, tu amistad, tu honestidad... y muchas otras maneras que requerirás para ser efectivo. Sé la imagen de la nueva posibilidad. Muéstrala. No en tu hacer, sino en tu ser.

Cada persona es diferente y requerirá que te muestres de distinta manera. No hay una receta para enrolar. Cada ser humano está en un espacio distinto; el que te mantengas claro en tu intención te llevará a lograr el enrolamiento.

Cuando decides ser efectivo en enrolamiento, la vida se alinea y generas encontrar seres humanos que quieren ser enrolados y presentan las lecciones de vida que necesitas para desarrollarte.

Bernadette Vigil comenta en *Mastery of Awareness* que todos somos espejos de nosotros mismos. Cada uno sirve como espejos para otros y viceversa.

Tu enrolado es un espejo de ti mismo. Las excusas e historias que escuchas son las tuyas. Al generar que tu enrolado se enamore de su nueva vida y tome acción hoy, veras un nuevo reflejo de ti. Quizás un reflejo de éxito, poder y amor. Te transformas con tu enrolado.

¿Cuáles son tus conversaciones ahora? ¿Estás dudando de que esto sea para ti? No importa lo que pienses, tendrás razón. Si crees que no sirves para enrolar, tendrás razón. Si crees que eres excelente para enrolar y cada día eres más efectivo, tendrás razón.

Recuerda que tu poder no está en lo que haces, está en tus maneras de ser y en las conversaciones que tienes acerca de ti. Si logras ser efectivo en enrolamiento, ¿qué conversaciones tendrás? ¿Te funcionarán para crear resultados extraordinarios?

Si partes de que eres un ser seguro y enrolador, tienes la misión cumplida. Sólo requieres ir por la evidencia y aprender la lección de vida con alegría y aceptación.

Hay varias mecánicas de enrolamiento que son efectiva cuando se muestran maneras de ser de amor, de honestidad, de valorar a otros y de compromiso para que todos ganemos. Han sido altamente efectivas para mí y otros líderes de Transformación Humana.

Te recuerdo que el poder está en tu intención, tus maneras de ser y el espacio de donde partes. Esta guía te apoya para tomar tu acción comprometida y alineada con tu intención y tus valores.

La intención y visualización de lo que declaras es clave. Declarar concretamente te dará en resultados concretos.

TENER

EVIDENCIA Y ENROLAMIENTO

TU META HECHA REALIDAD

HACER

PASOS DE ENROLAMIENTO

SER

LAS MANERAS DE SER

QUE ELIJAS MANIFESTAR

PASOS DE ENROLAMIENTO: MECÁNICA I

Honrar tu conexión

Date la oportunidad de conectar con este ser. Nota su postura física, su energía, sus emociones y sus conversaciones. Al aceptar su espacio abres la posibilidad de que conecte contigo, con tu postura física, tu energía, tus emociones y tus conversaciones. Recuerda que cada uno nace perfecto y completo, recuerda que tú no lo estás arreglando. Eso es IMPOSIBLE. Simplemente, le estás presentando una nueva posibilidad de vida.

Aceptación, conexión y mostrarte en tu grandeza son maneras de ser altamente efectivas para este primer paso. Quizás descubras que puedes agregar algunas otras.

Descubrir el contexto de vida

¿Qué es importante para este ser? ¿Cuáles son sus sueños? ¿Qué anhelos menciona cuando le brillan los ojos y percibes una chispa en su voz? Quizás hay algo de frustración y prefiere no hablar de ellos. Quizás ya perdió la chispa de la vida y se ha conformado con "lo que la vida le ha dado y le ha quitado". A veces nos rendimos a la victimización porque no sabemos que la elección es nuestra y la vida la generamos nosotros.

Dale rumbo a tu conversación para descubrir que está sucediendo en su vida. Si preguntas: "¿Cómo estás?", la respuesta típica es: "Bien". ¿Bien qué? Quizás te puedas apoyar en preguntas especificas: ¿Cómo está tu familia?, ¿cómo va tu trabajo?, ¿cómo van tus estudios?, ¿cómo marcha tu salud?, etcétera. Date la oportunidad de escucharlo más allá de las palabras. ¿Qué mensaje está compartiendo? Escucha sin juicios, en total aceptación. Date la oportunidad de escuchar verdaderamente y cada vez serás más efectivo. Confía en ti y en tu proceso, date la oportunidad de estar totalmente presente. Descubre las zonas de vida que no están en excelencia para este ser. Ahí lo puedes apoyar.

Caminar a su paso

Algunos pueden llevar una plática rápida y otros requieren ir reflexionando. Honra su velocidad. Al hablar, date la oportunidad de hacer pausas. Experimenta el silencio y date permiso de usar ese tiempo para conectar y ver dónde está tu enrolado. Si vas más rápido o más despacio que él, perderás efectividad. Al conectar abres un canal de intercambio energético. Al caminar a su paso mantienes el canal abierto.

Crear valor

Tu enrolado te va a platicar su "historia" y quizás es efectivo en enrolarte a sus explicaciones. Te planteará sus conversaciones, creencias y visión de vida. Debes escuchar, es tu material de trabajo. Sin embargo, recuerda que aunque esto le parece real, no lo es. Es sólo el resultado creado con sus maneras de ser, sus conversaciones y su visión. Tienes la oportunidad de presentar otra posibilidad. Don Miguel Ruiz, en *La maestría del amor* dice que podemos ser los maestros de nuestro propio sueño. Él invita a la transformación para liberarse del viejo sueño y crear uno de posibilidades ilimitadas.

Un líder de transformación dijo, "Al que te hiera en una mejilla, preséntale también la otra" (Lucas 6, 29).

Mi interpretación es que cuando nos presentan una realidad de vida que nos duele —un ser querido que no se muestra en su grandeza—, presentemos la otra mejilla, el otro lado, la otra posibilidad. Imagínate que cuando se te presenta una realidad de vida que no es congruente o alineada con tu visión, tengas la habilidad de presentar efectivamente otra posibilidad de vida. Si escuchas violencia, presenta la posibilidad de paz. Si escuchas traición, presenta fidelidad. Si escuchas pobreza, abundancia. Si escuchas separación, presenta conexión.

De esto se trata el crear valor. Cuando alguien vive una realidad no deseada, puede ser que no sepa que existe otra posibilidad. Quizás estos creen que la fidelidad, abundancia y amor sí existen, pero no en su mundo, creen que no pueden salir de su realidad. ¿Cómo? ¡Tienen toda una vida sin poder salir! ¿Por qué ahora es diferente?

Si este ser humano sigue con las mismas creencias, conversaciones y visión sobre lo que puede ser el mundo, tiene un destino claro. No necesitas ser vidente, ¡es obvio! Va a repetir la misma historia familiar. Sin embargo, tú, con maneras de ser de amor, honestidad, compasión, apertura y amistad puedes generar nueva posibilidad de vida en la que sus sueños se convierten en realidad, y reconoce que puede y se la merece.

Crear urgencia

Reconócete porque hasta aquí has creado una muy buena posibilidad para tu enrolado. Ahora requieres enfoque y energía para, con sabiduría, generar urgencia y acción. Todos sabemos muy dentro que estos sueños son posibles pero los dejamos para mañana, para después, para cuando "la otra persona" cambie, para cuando se modifique la economía, etcétera.

No somos inmortales ni sabemos cuánto tiempo viviremos. Y si supiéramos que nos queda una larga vida, ¿Por qué no empezar a disfrutar de nuestra grandeza? ¿Por qué no gozar el fluir con la vida en alegría y armonía? Como dice la famosa frase: "El ayer es un cheque cancelado; el mañana es un pagaré; lo único efectivo es el ahora".

¿Cómo te puedes mostrar para que este ser tome acción? Quizás empiezas a descubrir las verdaderas conversaciones que se interponen entre él y su vida extraordinaria. Las típicas excusas son: "No tengo tiempo", o "no tengo dinero". Si no estás alerta y reaccionas, te vas a enganchar con el dinero o el tiempo de tu enrolado. Escucha más allá de las palabras. ¿Por qué no tiene tiempo? ¿Para qué usa su tiempo? En términos generales, quien no tiene tiempo tampoco tiene relaciones en excelencia. ¿Con quién le interesa tener una relación en excelencia? ¿Por qué es eso importante? ¿Qué valor llevará a tomar acción? Quizás éste sea un medio más efectivo que simplemente pelear razones sobre tiempo.

Si la conversación limitante es sobre dinero, escucha más allá. ¿Por qué no tiene dinero? ¿Para qué usa su dinero? En términos generales, alguien que habla de no tener dinero para invertir en sí mismo es alguien que no se valora. ¿Qué inseguridades pretende esconder? ¿Para qué le sirve vivir así? ¿Cómo sería su vida si tuviera dinero para invertir en su crecimiento y efectividad? Genera que tu enrolado se valore y vea que sí merece esta vida. Tu enrolado es un regalo que requiere ser abierto para disfrutarlo y compartirlo. Las maneras de ser efectivas son de apertura, aceptación, enfoque, urgencia, sí se puede.

Si el respeto es un valor importante para ti, necesitas aprender a honrar un "no". Si tu enrolado te dice con claridad que no, debes respetar ese espacio. Presionar, manipular u obligar no son maneras efectivas a largo plazo. Si ve que lo respetas, lo valoras y lo quieres independientemente de la decisión que tome, tienes más probabilidades de que recibas un sí honestos en un futuro próximo. Si la respuesta es un sí, COMPLETA AHORA.

Completar

Una vez que está enrolado y ha decidido tomar acción, es importante que estés preparado para apoyarlo. Requiere clarificar metas importantes. Específicamente: ¿Qué? ¿Con quién? ¿Dónde? ¿Cuándo? ¿Para qué lo quiere lograr? Una vez que tiene claro lo que logrará, debe generar un mecanismo. La tecnología de Transformación Humana es el más efectivo que conozco para lograr resultados extraordinarios en un corto periodo. Si eligen este mecanismo, es importante que cumplan con el procedimiento de inscripción en su totalidad. En este momento tu enrolado está parado en un espacio de nuevas posibilidades y dispuesto a tomar riesgo.

El tiempo y el dinero están disponibles para todos. La posibilidad es AHORA. Tú lo vales y tu enrolado lo vale. Cuando empiece a vivir su nueva vida te dirá, "¿Por qué no me habías dicho de esto antes?"

Esta sabiduría, esta nueva posibilidad de vida ahora está disponible para todos. Tienes todo para hacerla una posibilidad para los seres que te importan, los líderes de tu comunidad, los líderes mundiales. ¿Qué esperas? Toma acción.

PASOS DE ENROLAMIENTO: MECÁNICA II

Declara

Haz tu declaración de enrolamiento verbal y escrita. ¿A quién vas a enrolar? ¿En qué tiempo? ¿Para qué?

Visualiza

Cierra tus ojos e imagina a estos seres escuchándote, abriendo posibilidades en sus vidas y haciendo su profundo trabajo de transformación. Visualízalos en una vida extraordinaria.

Toma acción en el presente

Prepara una estrategia de enrolamiento y toma acción. Mientras tomas acción en tiempo presente, párate en tu visión de mundo, en quien eres y en lo que tú ves para estos seres.

Completa

Asegúrate de que tus enrolados tengan evidencia de su compromiso para que esto los apoye a completar. Puede ser un pago, registro completo.

Reconócete

Reconoce tus resultados. Si acertaste, reconoce lo que funciona de ti. Si no acertaste, reconoce que es lo que no funcionó. Esto es valioso porque es retroalimentación honesta y directa. Tu nivel de honestidad te permitira entrar profundamente en tus espacios de vida y tener profunda conciencia sobre cómo moldear tu existencia para lograr resultados importantes.

Hay quien enrola con chistes y alegría.

Hay quien enrola con presentaciones serias.

Hay quien enrola abriéndose de corazón.

Todos estos son mecanismos. Si tu intención es clara, visualizas a tu enrolado viviendo en su máxima posibilidad y mantienes esa imagen, lo más probable es que tu enrolado lo logre.

Cuando reconozcas con evidencia tu habilidad de enrolar a otros a sus sueños y a su grandeza, sabrás que estás volando en la misma dirección que los grandes líderes de transformación.

Haz un listado de las veinte personas más importantes que te interesa enrolar a sus sueños. Toma acción y ¡enrólalos! El mecanismo más efectivo que conozco son los entrenamientos de Transformación Humana, pero si conoces otro, enrólalos al mecanismo que de corazón sea efectivo. Establece un tiempo, por ejemplo cinco o diez días para que completes tu lista. Al final, ¿Cuántos enrolados completos tienes? Los resultados son un espejo honesto de cómo te has mostrado y te dirán que tan efectivo eres.

Tu porcentaje de enrolamiento es igual a tu porcentaje de efectividad personal.

Si logras el 100%, ¡imagina cómo será tu vida! Un maestro en enrolamiento enamora con facilidad a su pareja, hijos, amistades, padres, socios, lideres de la comunidad… masas humanas.

$0/20 = 0\%$

$10/20 = 50\%$

$20/20 = 100\%$

PRÁCTICA

UNA VIDA
EXTRAORDINARIA
Y BALANCEADA

El camino de vida guiado por mi corazón es un camino que vale la pena. El camino de la vida guiado por el ego es triste y solitario.

K. Sánchez

¿De qué se compone tu mundo? Te invito a que veas qué áreas componen tu vida. ¿Qué es importante para ti? ¿Quiénes son importantes? Quizás tu vida tiene una, dos, tres o cuatro áreas importantes. Sabes que hay otras áreas que requieres trabajar, pero no están en tus prioridades. Visualiza tu vida con estas áreas y sus elementos al 100% ¿Te imaginas logrando tus sueños en cada una de ellas?

En *Beyond Fear*, don Miguel Ruiz habla de la creación de su propia vida. Somos los autores de nuestra vida, de nuestro sueño, de nuestra historia. Definitivamente, es mucho trabajo. Sin embargo, al dar el 100% de nuestro potencial el viaje es gozoso y emitimos amor en cada paso. Analicemos el otro lado: regalar el control de nuestra vida a otra persona parece cómodo, pero es frustrante porque no es lo que queremos, sino lo que ya ha sido elegido. Igual es mucho trabajo y, como resultado, sufrimos. Si los dos caminos involucran pagar precios, yo prefiero el camino con resultados auténticos, ¿tú?

¿Qué estás experimentando? Posiblemente el acostumbrado duelo entre lo que dice tu mente y lo que quiere tu corazón. Tu mente genera preguntas y tu corazón respuestas, sólo que a veces las ignoramos, esperando que la mente responda. Entre más grande es el deseo de tu corazón, más fuerte es el comité de voces en tu mente. Completamente normal: la mente tiene como misión mantenerte cómodo y en espacio conocido, mientras que el corazón pretende guiarte por el camino donde brillas, amas y disfrutas del éxito que mereces. Son caminos completamente distintos.

A veces creemos que para completar una meta extraordinaria tenemos que descuidar otras áreas. ¡Puedes tener lo que sueñas en TODAS las áreas! Por ejemplo, hay quienes que se dedican al deporte y descuidan la educación y la espiritualidad. Otros se enfocan en su negocio y descuidan las relaciones de familia, la estabilidad personal y la salud. Y hay quienes se enfocan en la espiritualidad y descuidan su economía y desarrollo profesional. Esto no es malo ni bueno, pero, ¿para qué enfocarnos sólo en un área, si lo podemos tener todo?

¿De qué se compone tu vida? ¿Tu balanza está cargada hacia el trabajo? ¿Hacia la familia? ¿Hacia tu tiempo personal? Recuerda que no hay ni buenos ni malos, ni mejores o peores. Existe la posibilidad de estar al 100% en todas las áreas de tu vida.

El pasado ya pasó. ¿Qué nueva vida eliges crear hoy? Recuerda que, como dice Facundo Cabral: *Hoy es un nuevo día para empezar de nuevo... / Para cantar, para reír, para volver a ser feliz...*

Te ofrezco nueve categorías que pueden servir para ordenar tus sueños y metas de vida.

1. Relaciones (familia, pareja, amigos, etcétera)

2. Salud

3. Espiritualidad

4. Profesión

5. Educación

6. Economía

7. Aficiones / Recreación

8. Colaboración en tu comunidad

9. Tiempo personal

¿Cómo sería tu existencia al 100% de tus metas en cada una de estas áreas?

Primero, necesitas reconocer si te importan de corazón estas nueve áreas. Recuerda: No deben ser una carga adicional en tu vida, SON TU VIDA. Si son una carga, es porque estás creando resultados que no son auténticos de corazón. Nota cuántos años llevas haciendo y logrando cosas para agradar a otros. Cuando éramos pequeños nos enfocábamos en agradar a mamá y papá. Después queríamos agradar a nuestros amigos. Crecimos agradando a nuestras parejas, jefes y compañeros de trabajo. Damos nuestro 100% para agradar a los demás y, a cambio, el estrés del mundo se nos viene encima. Para colmo, no recibimos el reconocimiento o la aprobación esperada. Es sumamente frustrante llevar una vida así: por más que damos lo mejor de nosotros, no tiene el sabor o la plenitud que idealizamos.

Abramos una posibilidad. ¿Qué pasaría si pudieras moldear tu vida y empezar a crear lo que deseas de corazón? ¿Qué pedirías para ti? Si tuvieras un genio maravilloso o un hada madrina, ¿qué solicitarías en cada área? Te presento ejemplos que quizá coincidan con tus sueños o te apoyen a clarificarlos. Una vez que encuentres tus metas de corazón, recuerda especificar qué es lo que quieres y para qué lo quieres. Los ejemplos son ideas generales.

1. Relaciones

a. Una pareja fiel, amorosa, abundante, generosa, sana, que me ame y con quien pueda seguir creciendo espiritualmente.

b. Relación de gratitud, amor, apoyo incondiciona y perdón.

c. Unidad, armonía, paz y entendimiento familiar.

d. Relaciones de honestidad, respeto y diversión con mis amigos.

e. Relación de diversión, aceptación y apertura con mis hijos.

2. Salud

a. Tener figura escultural.

b. Exámenes médicos que indiquen mi excelente estado de salud.

c. Cuidar mi cuerpo con de alimentación sana, ejercicio y meditación.

3. Espiritualidad

a. Tener profunda conexión con el Universo.

b. Permitirme escuchar los mensajes del Universo y ser un mensajero para la humanidad.

c. Experimentar ser parte de todo.

d. Conocer de los chacras y puntos de energía.

e. Escuchar a mis ángeles y guardianes.

f. Aprender y practicar mi religión (cualquiera que sea).

4. Profesión

a. Generar clientes nuevos.

b. Lograr un ascenso.

c. Iniciar un nuevo negocio.

d. Escribir un libro para compartir mis experiencias y aprendizajes.

5. Educación

a. Aprender otro idioma.

b. Aprender una palabra nueva cada día.

c. Completar una carrera, maestría o doctorado.

d. Leer.

6. Economía

a. Generar ingresos de 1'000,000 de euros anuales.

b. Utilidades del 50% mensuales en mi negocio.

c. Recibir un sueldo mensual de 50,000 dólares.

7. Aficiones / Recreación

a. Pintar.

b. Coser o tejer.

c. Cantar o bailar.

d. Escribir poemas.

8. Colaboración en tu comunidad

a. Adoptar a una hermana menor de un orfanato, visitándola y compartiéndole mi tiempo, mi ser y detalles extraordinarios.

b. Adoptar a un abuelo en el asilo de ancianos, visitándolo, compartiéndole mi tiempo, mi ser y detalles extraordinarios.

c. Trabajar en un comité para niños con capacidades especiales, generando educación, salud y oportunidades para ellos.

9. Tiempo personal

a. Ocuparme en mi arreglo personal.

b. Recibir masaje.

c. Pasar tiempo sola en la playa.

d. Caminar por el bosque.

e. Descansar en mi habitación.

¿Te imaginas viviendo todo esto en tu vida? Es posible, puedes crear el contexto en que todo esto sucede. Quizá tu pregunta inmediata es: ¿Cómo lo logro? Sería más apropiado cuestionar: ¿Quién requiero ser para lograrlo? Partimos de maneras de ser que crean contextos de poder en los que aparecen éstos y muchos otros resultados. Hay prácticas que te apoyan para lograrlo.

Posiblemente has leído una extensa variedad de libros de Transformación Humana, de liderazgo o de auto-descubrimiento y notado las similitudes en las sugerencias para hacer declaraciones y lograr resultados.

Define con exactitud qué es lo que sí quieres

Específicamente: ¿Qué? ¿Dónde? ¿Cómo? ¿Con quién? ¿Cuándo? Por ejemplo, muchas veces declaramos lo que NO queremos. Que no haya guerra, que no haya violencia, que no haya mentiras. Las palabras dominantes son *guerra, violencia* y *mentiras*; estás manteniendo esta conversación en tu mente y atrayéndola a tu espacio. Ahora, ¿Qué es lo que sí quieres? Una pareja bella, amorosa, abundante, generosa, fiel y extraordinaria. Nota que esta declaración no menciona que dicha pareja esté perdidamente enamorada de ti. Así que puedes generar una pareja extraordinaria, pero sin el enamoramiento deseado. Especifica qué quieres y para qué. Si declaras 5 millones de dólares, ¿en deudas?, ¿en chocolates?, ¿en tu cuenta de ahorros? Cuando determinas qué es lo que en realidad quieres para ti y para qué lo quieres, empiezas a visualizarlo como resultado. Aquí inicia el proceso de creación de tu resultado. Tu efectividad en mantenerla te llevará a lograrlo. Rhonda Byrne, en *El secreto* —capitulo 3, "Cómo usar *El secreto*"—, describe la importancia de declarar con precisión: cuando no estamos claros de lo que queremos, mandamos señales confusas al Universo. Esto genera resultados mezclados.

En mi experiencia, la mezcla y la confusión vienen de no escuchar a mi corazón. A veces le doy más poder a la mente y al comité de voces que pretenden mantenerme en espacios cómodos y de poco riesgo: espacios conocidos.

Si llevas una vida disciplinada, notarás de dónde viene la confusión y de dónde la claridad. Desde ahí, puedes elegir qué respuesta escuchar y qué declaración llevar a cabo.

Este resultado ya es un hecho, ahora vas por tu evidencia

Esto que declaras ya ocurrió en el futuro, has vuelto a este tiempo, el pasado, para disfrutar el proceso de crearlo. Yo le llamo recordar el futuro. En el camino habrá lecciones, aprendizajes, riesgos y barreras. Sin embargo, ya está dado, sólo vas por la evidencia. Esto va a requerir de fe. Cuando declaramos prometiendo algo que no existe, tomamos un riesgo. Al comprometernos lo materializamos en resultados REALES.

Ve a un momento en que asumiste un riesgo. ¿Qué decía tu mente? Quizá que no ibas a poder, que no lo valías, que era imposible. O, posiblemente, decía que sí podías, que te lo merecías y que podías lograr eso y más. En realidad no importa, como dijo Henry Ford: "Tanto aquellos que creen que pueden, como aquellos que creen que no pueden, tienen razón".

Y ahora ya sabes porque tienes esos resultados en tu vida. Son frutos de tus conversaciones. Las conversaciones y creencias que te dominan definen el contexto para tus resultados. Si partes de un espacio de inseguridad y falta de fe, probablemente no goces el proceso y la meta no se cumpla como quisieras.

Un mecanismo efectivo es declarar y ver esa declaración como hecho consumado. Ahora, imagina que viajaste al pasado para disfrutar lograr esta meta. En este espacio podrás manifestarte con fe y certeza para lograrlo de manera gozosa y efectiva.

El juego es GANAR-GANAR

Si alguien te apoya, requiere ganar contigo. Puedes generar tus sueños y, a la vez, apoyar a otros para que logren los suyos. El juego ganar-perder o perder-ganar termina en un perder-perder. Para y observa, cuando ganas una discusión, ¿Quién gana en realidad? Tú estás bien y la otra persona está mal. Generas separación, desconexión y resentimiento. ¿Esto te funciona?, ¿en realidad ganaste? Si quieres ganar y recibir apoyo, crea valor para quien te apoya y contarás con el 100% de corazón.

Imagína que puedes crear un juego GANAR-GANAR. ¿De qué manera puedes presentar tu meta o proyecto para que ganen tú, quien te está apoyando y el planeta?

Yo sí imagino un mundo en el que nos ocupemos de ganar nosotros y contribuir a la madre Tierra. Ella nos da hogar, alimentación y todo lo que requerimos. Muchas veces sólo nos ocupamos de ganar nosotros, pero podemos crear consciencia para que en cada negociación y acuerdo que concretemos, incluyamos un beneficio para ella.

La perseverancia es clave

Puedes lograr en un instante lo deseado, o pasar por valiosas lecciones de vida antes de conseguirlo. Mantén tu visión hasta obtenerlo. Confía en el proceso de la vida. TU camino es perfecto. Una estrategia efectiva es mantener tu intención y rediseñar tus maneras de ser hasta lograrlo.

Recuerda:

• Los Beatles tuvieron que tocar la puerta en varias disqueras antes de grabar su primer disco.

• Gandhi se mantuvo por años en su intención de liberación a través de la paz, hasta lograrlo.

• Martin Luther King se mantuvo firme en su visión sobre la igualdad de derechos humanos.

• La Madre Teresa de Calcuta perseveró en su muestra de amor, compasión y generosidad por los más necesitados.

• El presidente estadounidense Barack Obama se mostró seguro y entusiasta día tras día, a pesar de que al inicio de su campaña las encuestas de opinión pública no le eran favorables. Perseveró hasta ganar las elecciones.

• A base de trabajo continuo, China pasó de ser un país pobre a una potencia económica de influencia mundial.

• Miles de centros de Transformación Humana en el mundo se mantiene generando graduados para crear un nuevo mundo y se enfrentan diariamente a críticas, conversaciones limitantes y a barreras, pero saben que podemos y lo merecemos.

• Los entrenadores de Transformación Humana generamos posibilidades de éxito para nosotros y para otros humanos, porque tenemos un auténtico compromiso de servicio para crear el mundo que merecemos.

Al Universo puedes verlo como tu genio maravilloso o tu hada madrina. Te está escuchando para alinearse con tus peticiones. Recuerda, requieres peticiones claras para obtener resultados claros. Las peticiones mezcladas crean resultados mezclados: es importante que el millón de dólares lo menciones en tu cuenta de ahorros y no en deudas. Clarifica lo que eliges TENER. Puedes crear metas diarias, semanales o mensuales: lo que vas a HACER. Sin embargo, la fuente de creación está en el SER. ¿Quién requieres ser para generar estos sueños? Nota que eres un ser espiritual en proceso de aprendizaje. Puedes ir moldeando tus maneras de ser para generar distintos resultados. Por ejemplo, puedes generar salud por medio de ejercicio. Esto es tu HACER. Tus MANERAS DE SER quizás incluyan ser saludable, constante, amoroso y enfocado. Para un negocio nuevo, quizás tus maneras de ser incluyan ser abundante, enfocado, poderoso y sabio. Tus maneras de ser crean un espacio para que lo que hagas sea acertado y produzca resultados extraordinarios.

A veces creemos que tenemos maneras de ser fijas. Por ejemplo, soy tímida y callada. La verdad que esa imagen de timidez te ha funcionado para lograr resultados y por eso te casaste con ella. Sin embargo, tienes acceso ilimitado a maneras de ser y las puedes elegir cuando lo decidas.

A veces creemos que nuestro destino está escrito, o que hay circunstancias, sucesos y personas que lo definen. Si te mantienes en el mismo contexto, tendrás un futuro predecible; pero tú eliges, uno nuevo. Ésta es una invitación para que seas el autor de tu vida, tomes el timón de tu barco. Quizás nunca habías visto la posibilidad de ser el director de tu propia obra vital. En la siguiente práctica tienes la oportunidad de crear una nueva vida. Éste es tu momento. ¿Te vas a aferrar a tus conversaciones de pequeñez, o a tus sueños y te atreverás a rediseñarte las veces necesarias? La elección es tuya. Es tu vida.

Define con precisión metas en las áreas de tu vida, define qué vas a TENER, las maneras que vas a manifestar para lograrlo, tu estrategia: lo que vas a HACER.

1. Relaciones (familia, pareja, amigos, etcétera)

Tener:

_____

_____

_____

_____

Maneras de ser:

_____

_____

_____

_____

Hacer (acciones y fechas):

_____

_____

_____

_____

2. Salud

Tener:

Maneras de ser:

Hacer (acciones y fechas):

3. Espiritualidad

Tener:

....

....

....

....

....

Maneras de ser:

....

....

....

....

Hacer (acciones y fechas):

....

....

....

....

....

....

....

4. Profesión

Tener:

Maneras de ser:

Hacer (acciones y fechas):

5. Educación

Tener:

Maneras de ser:

Hacer (acciones y fechas):

6. Economía

Tener:

Maneras de ser:

Hacer (acciones y fechas):

7. Aficiones

Tener:
....
....
....
....
....

Maneras de ser:
....
....
....
....

Hacer (acciones y fechas):
....
....
....
....
....
....
....

8. Colaboración en tu comunidad

Tener:

Maneras de ser:

Hacer (acciones y fechas):

9. Tiempo personal

Tener:

_____

_____

_____

_____

Maneras de ser:

_____

_____

_____

Hacer (acciones y fechas):

_____

_____

_____

_____

_____

_____

_____

EFECTIVIDAD PERSONAL
Y APRENDIZAJE CONTINUO

Hay una gran distinción entre vivir mi palabra
y cumplir mi palabra.
D. Hyland

¿Alguna vez has roto tu palabra con alguien o algo que realmente te importaba? Esa persona o ese compromiso son de lo más importante para ti y no sabes cómo pasó. ¿Cuál fue tu experiencia? En la mía, me sentí frustrada y enojada conmigo. Me decía lo estúpida y descuidada que había sido y me daba de topes. Estaba en absoluto enojo y resistencia y la única alternativa que veía era regresar el tiempo para vivirlo nuevamente. Sentí que topé con pared. Era una frustración asfixiante. Me sentía dentro de una burbuja llena de aire denso que cada vez me asfixiaba más. Tenía enojo con todo el mundo y buscaba a quién echarle la culpa. ¿Cómo me había pasado a mí que tenía clara la intención de cumplir? ¿Cómo me estaba mostrando? ¿Cómo me estaba viendo? ¿Qué iba a pensar de mí la otra persona? Mis conversaciones eran: de seguro me había comprometido a más cosas de las que podía cumplir; alguien me había presionado para decir *sí* a algo a lo que quería decir; tenían razón quienes decían que yo no podía, era una tonta, descuidada y demás…

¿Qué posibilidades hay en este espacio? Para mí, ninguna. Me preguntaban: "¿Qué salida o alternativa ves para ti?", honestamente, ninguna. Era una descuidada, y ¿qué podía generar una persona así? Mi cabeza era un comité de conversaciones de incompetencia, intolerancia, resistencia e impotencia. Lo curioso es que esas conversaciones limitantes me hacían creer que estaba físicamente en un espacio limitante y que no podía moverme para pensar y salir de ahí.

¿Alguna vez has estado en una situación similar? ¿Cómo describirías tu experiencia? Lo que tenemos en común es la estancia en un espacio que parece no tener salida, de absoluta victimización, sin libertad para crear. El enfoque es totalmente cerrado.

Si percibimos nuestra visión de vida, podemos evaluar si estamos viviendo nuestra palabra y nuestra misión. Es decir, si mi visión de vida es ser una mujer amorosa, respetuosa, sana, abundante y generosa, puede que en un instante del tiempo no lo sea y no mantenga mi palabra. Pero si alcanzo a ver que la mayor parte del tiempo sí la mantengo, puedo afirmar con evidencia que yo vivo mi palabra, sólo que en esa ocasión me equivoqué. ¿Cuál es tu experiencia de este espacio nuevo? Hay libertad de creación y de movimiento. ¿Cierto? Desde aquí podemos aceptar el error y aprender de ello. ¿Qué fue más importante que cumplir con tu palabra? ¿Cómo te mostraste que no funcionó? ¿Qué mecanismo utilizaste que no fue efectivo? La mayoría se enfoca en el mecanismo, aunque el resultado es generado en 99% o más por nuestra intención y maneras de ser, y 1% o menos por el mecanismo o lo que hicimos.

En este segundo escenario nos podemos dar permiso de ser humanos. Es decir, de equivocarnos y aprender de nuestros errores para retomar el camino. Yo defino pecar como errar el camino. Imagínate un avión que sale de una ciudad y va a otra. ¿Qué porcentaje del camino seguirá a la perfección el plan de vuelo? ¿Cuántas veces se desviará un poco por corrientes de aire y retomará la ruta? El proceso es similar en los seres humanos. Tiene sentido que seamos pecadores porque ahí están los aprendizajes de nuestra vida y la oportunidad de manifestarnos en nuestra grandeza. El equivocarnos nos mantiene en un espacio de vulnerabilidad y compasión hacia nosotros y los demás.

Al equivocarnos estamos en un momento de gran valor, nos podemos preguntar: ¿Qué conversaciones tenía acerca de mí y de la situación cuando tome la acción?, o, si se te olvidó completamente, ¿es posible que esté evadiendo trabajar esto en mi vida? ¿Qué fue más importante para mí que cumplir? Si estabas distraído, ¿cuántas veces no cumples por engancharte con distracciones? Lo más importante es que estos cuestionamientos los hagas desde un espacio de aceptación y descubrimiento. No te juzgues o castigues. Eso ya lo has hecho y no ha sido efectivo. Cuestiona con honestidad: ¿Qué se interpuso entre tu intención y tus resultados? Si te das la oportunidad de descubrirlo, aprender y, desde ese espacio, tomar acción, ¿qué posibilidades abres?

Es bueno saber en qué fallamos cuando nos entregamos al 100%. Si sabemos que entregamos un 10% o un 20%, ¿qué tanto provecho le podemos sacar al aprendizaje? Al dar nuestro mínimo, jugamos a la segura para creer que podemos fácil con todo y que la vida marcha en excelencia. ¿En dónde está la emoción y la adrenalina de ir por tus sueños en GRANDE? Imagínate que te comprometieras a tu 100%. ¿Qué estuvieras declarando para tu vida? Y si lo declararas y te lanzaras por ello, pueden ocurrir dos cosas: que aciertes a la primera o que aprendas lecciones para lograrlo en un siguiente intento. Sin embargo, si declaras "a la segura", o sea a tu mínimo para asegurar que vas a cumplir la meta y tomas acción y aciertas... ¿Qué puedes aprender de eso? ¿Que tomar pasos pequeños te mantiene en un espacio seguro con resultados seguros? ¿Y? Pronto verás que los que declaran en grande y se atreven a dar pasos grandes, aunque se equivoquen, te rebasan y van mucho más adelante en sus vidas. Aun con todos sus errores, se caen, aprenden y se levantan. Están totalmente cómodos con equivocarse, por manifestarse en su grandeza aunque sean criticados. Están totalmente cómodos con que gente les diga: "Te dije que no podías". Saben que, independientemente de las conversaciones de los demás, son GRANDES y pueden generar resultados extraordinarios. Lo más importante es que pueden sentir compasión por la gente que los critica, porque la reconocen como representante del miedo a brillar. ¿Has escuchado la frase: "Diosito si no me puedes adelgazar, engorda a mis amigas"? Lo mismo ocurre con los que no se atreven a brillar. Intentan tumbar a los que brillan. Y si te avientas a dar pasos gigantes, prepárate para encontrarte equivocado para sentir que el mundo se te viene encima. Sin embargo, si logras ver tu vida a largo plazo, sabrás que sólo es un momento y que estás viviendo tu palabra y tu visión, te hayas equivocado. Te podrás apapachar y seguir tu camino con pasos agigantados, llenos de sabiduría y certidumbre.

Nota momentos de tu vida en los que has dado menos del 100%. Si el resultado no fue el esperado, nos inunda la culpa, los juicios y la lástima, nos enganchamos con el suceso, lo dejamos inconcluso.

Nota momentos en tu vida en los que diste tu 100% y un extra. Si el resultado no fue el deseado, puedes ver el suceso con compasión, diversión, aprendizaje, dignidad y alta energía para intentarlo de nuevo.

Crea una representación visual de de vida y las maneras de ser con las que te comprometes a manifestarte momento a momento.

Colócalo en un lugar visible en tu hogar. Cuando te equivoques, ve y párate enfrente. Vuelve a enfocar tu ruta.

Si no cumples un compromiso importante, a pesar de haber dado tu 100% o más, reconócelo y nota que sólo generaste un suceso. Toma una hoja en blanco y escribe por un lado de la hoja cuál es tu experiencia. Desahógate totalmente. Voltea la hoja y escribe todo lo que aprendiste y cómo lo puedes aplicar en tu vida. ¡Dale tu 100%!

Esta práctica es para que logres un enfoque a largo plazo, obtengas el máximo provecho de tus lecciones de vida y seas efectivo en tu siguiente intento.

COMPROMISO

La pregunta no es si estás comprometido.
La pregunta es ¿con qué estás comprometido?

K. Sánchez

El propósito de este libro es apoyarte para vivir un nuevo contexto. Tu creador te dio libertad de elección. ¿Para qué usas este gran regalo? ¿Cuál es tu propósito? ¿Qué legado vas a dejar?

¿Por cuánto tiempo te has preguntando cuál es tu propósito? ¿Cuánto tiempo has perdido pidiendo que alguien te lo diga o que te caiga una señal celestial con un letrero que lo describa claramente?

Si esperas que algo externo lo genere, ¿estarás en un espacio de victimización o de responsabilidad? ¿De debilidad o de poder?

¿Será posible que pares y veas tus cualidades y tus lecciones y que TÚ ELIJAS QUÉ HACER CON ESO PARA DEJAR TU LEGADO?

Tu resultado depende sólo de ti. Bienvenido al mundo de la responsabilidad, donde TÚ tienes el timón.

¿Crees que vas a requerir compromiso para lograrlo? Yo no creo que necesites generar compromiso. Todos estamos comprometidos con algo, siempre. La pregunta es: ¿Con qué nos comprometemos?, ¿con quedar bien, con excusas, con la victimización o con vivir de CORAZÓN, con nuestra responsabilidad, de generar un mundo digno para todos?

En este capítulo quien escribe eres tú. Éste es tu episodio, el espacio donde conectas con tu corazón y tu grandeza.

El gran final eres TÚ. Y yo creo que tú eres el regalo de vida más grande y valioso que tienes.

¿Para qué estás en este mundo? ¿Cuál es tu compromiso? ¿Quién eres?

Si tú SÍ supieras, ¿qué escribirías? No hay verdad o mentira. Tú lo estas creando todo. Si escribes tu capítulo es porque en verdad generaste conectar contigo. Si no, vuelve a empezar porque sabes que ¡SÍ PUEDES!

Elijo que el propósito de mi vida sea:

....

....

....

....

....

Lo que me comprometo a lograr como legado de vida:

....

....

....

....

....

La nueva conversación con la que me manifiesto en esta vida es que YO SOY (Escribe 3 o 4 afirmaciones):

....

....

....

....

....

AFIRMACIONES
DIARIAS

En la gratitud encuentro abundancia.

K. Sánchez

Te presento un listado de afirmaciones que puedes usar como conversaciones internas de poder. Puedes elegir una por día y repetirla hasta que la escuches desde tu corazón y empieces a manifestarte en este espacio.

1. Yo estoy abierto(a) a descubrir y manifestar mi ser.

2. Yo soy fuente de sabiduría para mí y para otros.

3. Yo estoy claro(a) de mi propósito en la vida y mis acciones son congruentes.

4. Yo aprendo de mis errores y soy acertado(a) en mi siguiente intento.

5. Yo tengo suficiente para mí y para compartir.

6. Yo valgo.

7. Yo sí puedo.

8. En mi vulnerabilidad y amor creo relaciones extraordinarias.

9. Yo soy congruencia.

10. Yo parto de aceptación y amor para crear los resultados que declaro.

11. Abundancia es mi verdadero estado del ser, estoy lista para generarla.

12. El Universo es una fuente ilimitada.

13. Yo merezco ser próspero(a), abundante y alegre.

14. Mientras más prospero, más tengo para compartir.

15. Estoy lista(o) para crear toda la alegría y prosperidad que merezco.

16. Yo soy la fuente de un mundo abundante para todos.

17. El éxito financiero me está llegando fácil y sin esfuerzo, estoy gozando de prosperidad.

18. Yo soy transformación y genero mi vida al 100%.

19. Yo soy rico(a) en consciencia y en bienes.

20. Todo lo que pido me llega fácil, sin esfuerzo.

21. Yo soy fiel a mi mismo(a) y a las personas que amo.

22. Yo estoy abierto(a) a descubrir mi espiritualidad.

23. Yo comparto con el mundo el regalo de vida que soy.

24. Yo soy maestro(a) de mi vida.

25. Todo lo que necesito está dentro de mí.

26. La sabiduría perfecta está en mí.

27. Yo soy completo(a) y entero(a) en mí mismo(a).

28. Me amo como soy.

29. Yo soy mi palabra y honro mis compromisos.

30. Yo soy amor, amo y soy amado(a).

31. Cuanto más me amo, más amor tengo para dar a otros.

32. Yo doy y recibo amor libremente.

33. Yo atraigo relaciones amorosas y satisfactorias.

34. Yo tengo un trabajo, satisfactorio y bien pagado.

35. Yo soy conductor(a) de energía creativa.

36. Yo me rediseño momento a momento para lograr mi visión.

37. Yo gozo relajarme y divertirme.

38. Yo me comunico clara y efectivamente.

39. Yo tengo suficiente tiempo, energía, sabiduría y dinero para lograr todos mis deseos.

40. Está bien tener todo lo que yo quiero.

41. Yo estoy siempre en el lugar y tiempo justo, realizando la actividad adecuada.

42. Yo gozo todo lo que hago, quien soy y lo que tengo.

43. Cuanto más doy, más recibo.

44. Yo estoy centrado(a), fluido(a) y tengo tiempo suficiente para todo.

45. Yo vibro de salud e irradio belleza.

46. Estoy abierto(a) para recibir todas las bendiciones de este Universo.

47. Yo me siento agradecido(a) de estar vivo(a).

48. La luz dentro de mí está creando milagros en mi vida.

49. Yo soy fuente de mi vida y todo lo que hago genera resultados extraordinarios.

50. Yo reconozco mi grandeza y mis resultados.

TESTIMONIOS

Amor, hacerme consciente de que soy un ser humano perfecto, amoroso, vulnerable, que se da permiso de sentir, de vibrar, de amar, de parar y reflexionar sobre los puntos importantes de mi vida, de invitar a otras personas a vivir esta mágica experiencia. **Rosy, Mexicali, México.**

Amor, paz, tranquilidad, entrega, compromiso, responsabilidad, honestidad, entusiasmo, alegría. Ganas de amarme, respetarme, seguir por mis sueños. Amistades para toda la vida. Conocerme hasta el fondo del alma. Ir con todo, soñar cada instante, minuto a minuto. Agradezco a todos y a mí por estar en transformación. **Leslie, Mexicali, México.**

Valor para enfrentar la vida y sus circunstancias. Amor propio y hacia mis semejantes. Una relación extraordinaria con mi pareja, de amor, respeto, compromiso, entrega incondicional y confianza al 100%. Amor a mi mamá, papá, hermanos y una relación excepcional con mi hija Ana Fernanda. Me hice presente en mi negocio. Soy fuente de posibilidad. He ganado seguridad, honestidad, amor y salud. **Juan, Mexicali, México.**

Relaciones de amor, honestidad y responsabilidad con mi familia. Limpiar espacios con mi madre, aprender a decir "te amo" a mis seres queridos. Obtener confianza y seguridad para ver lo grande que soy. He ganado paz, tranquilidad, una comunicación con mi esposa y calidad de tiempo para mis hijos. Darme cuenta del líder que soy y de lo importante que es cumplir mi palabra. Un grupo excelente y perfecto y un legado extraordinario. **Héctor, Mexicali, México.**

¡VIDA! Tranquilidad, paz en mi corazón, soltar un pasado, vivir un presente, trazar un futuro, romper barreras que impedían mi crecimiento, soltar las excusas que no me dejaban volar, ser libre. Para mí, transformación es un privilegio de vida. Fue un despertar a la vida, ganas de vivirla. Fue un saber lo que quiero. Es ir por lo que quiero. ¡es ganar-ganar!
Ana, Mexicali, México.

Encontrar mi ser. Al conocer mi ser y saber quién soy, se han respondido muchas preguntas, como: ¿A qué vine a este mundo? ¿Cuál es la misión que cumpliré durante mi viaje por este hermoso planeta? ¿Quién soy? Estas preguntas han sido respondidas a partir de mi ser. Conozco y reconozco el poder del enrolamiento, mismo que vivo todo el día. La precisión del decreto, de mis palabras, que son poderosas. Sólo con decretar y apoyar con mis palabras, un amigo tiene su préstamo para lanzar su empresa. A mi amiga Letty, por sólo verla en Brasil y decretar que estará ahí, ay tiene la entrevista en la compañía de Brasil que eligió. Ahora vivo partiendo de mi ser para hacer y tener lo que quiero.
Fanny, Monterrey, México.

Lo que he ganado en Transformación Humana es una familia. He logrado cosas que jamás creí. Gané quitarme miedos, ir por mis sueños, por mis metas, por unión en mi familia, relaciones excelentes, mi propia aceptación, ver qué más hay para mí al quitarme imágenes con las que me cubría para no enfrentar la realidad. Gané muchos amigos y la experiencia más importante.
Beatriz, Monterrey, México.

Con Caty, Susana, Pedro, Yoya, Marcos, Rangel, Gaby, Kathia, Victor y todos… Un Cesar diferente. Renovado, con sentido de vida, pasión, verdadero liderazgo, amor propio e incondicional para el resto del mundo. Madurez, compromiso, fortaleza, responsabilidad, sentido de urgencia, calidad de vida y excelencia en todo lo que hago. Abundancia, riqueza y, sobre todo, aprender a dar, a apoyar a los demás, a ser más humano y hablar desde el corazón. He ganado una familia de amor incondicional, de consejo, apoyo, compromiso, ejemplo y liderazgo.Cambio radical en mi vida donde éxito, amor, prosperidad, abundancia, seguridad, libertad, poder, pasión y orgasmos son una mezcla que hace de la vida el platillo más delicioso.
César, Monterrey, México.

Confianza en mí, amarme, valorarme.Confianza en la gente. Un equipo de amigos que me han apoyado. Reconocer lo valiosa que soy. Pude moverme de espacio, de mi antiguo trabajo a uno que yo quería desde hace meses y ya tengo. Conocer a un hombre maravilloso, con el cual me estoy dando el permiso de conocernos y compartir momentos bellos. Brindar confianza a mis hijos y conversar con ellos de cosas que jamás imaginé, estrechando lazos y diciéndoles que los amo en el momento en que lo siento (un chorro de veces al día). Y llamo a mi hija y nietos cuando siento la necesidad de hacerlo, igual que a Danielito. Poner mi negocio de tacos con toda la fe y confianza de que saldré adelante, lo haré próspero.
Martha, Monterrey, México.

Un regalo de fe, libertad, transformación, confianza, calidad. Encontré al hombre que soy. Gané seguridad, creer en mí, el camino que tiene corazón, mi lugar. Familia, amigos, hermanos y amor incondicional. Trascender, espiritualidad, servicio, liderazgo, vida, sueños hechos realidad. Encontré crecimiento personal y espiritual. **Pedro, Monterrey, México.**

Una excelente familia con la cual llevo comunicación, integración, unión, felicidad, entrega, confianza. Anteriormente no tenía comunicación, o no le daba importancia. Generé una entrevista para un cambio de puesto a gerente de recursos humanos, y el próximo 15 de julio inicio. Elegí y generé una excelente familia, que es M3 con lo cual obtuve compromisos, entrega, amistad, diversión, confianza, apoyo incondicional, trabajo en equipo. Gane ser confiado, seguro, divertido, amoroso, entregado, responsable, firme en mis decisiones, libertad, reconciliarme, ser abundante, ser dador de amor, de vida. Soy un hombre responsable, abundante y exitoso. **César, Monterrey, México.**

Una relación saludable con mi ser al descubrir cómo perdonarme. Haber redescubierto que la felicidad está dentro de mí, a diferencia de vivir buscándola en pareja, hijos, personas, aprobación y cosas materiales. Haber redescubierto una relación con mi Creador. Leer La Biblia en un contexto de empoderamiento. Una relación de pareja donde veo la diferencia entre necesitar y amar. Con mis hijos, he ganado una relación desde la perspectiva de que soy un apoyo en vez de que me pertenecen. Apoyo sus metas y valoro sostenerlos en su grandeza. Descubrir el privilegio de dar sin esperar nada. Redescubrir cómo mi mente me envía mensajes que debo manejar y recambiar cada momento. Redescubrir el valor de vivir cada día, momento a momento. Redescubrir el valor de la irracionalidad. Que no requiero tener todas las respuestas para vivir tras mis metas. Que existe algo maravillosos que se llama fe. Valorar el amor propio antes de amar a los demás. Una cantidad incontable de metas alcanzadas que no hubiera sido posible sin las herramientas adquiridas. Ser invitación a que cientos de personas hayan vivido estos procesos y ver a otros alcanzar la felicidad. **José Raúl, Florida, Estados Unidos.**

Amor incondicional, apertura a mi interior, romper barreras, perdonar y perdonarme, sentir de nuevo los latidos de mi corazón, aclarar lo que realmente quiero y moverme a amar y amarme, alegría, diversión y grandes y hermosos seres... he ganado paz. **Alejandro, Monterrey, México.**

Felicidad, amor incondicional y, sobre todo, perdón para mí y para los seres que me rodean, generar conocer a mi papá después de 21 años, y darle un abrazo sincero y de corazón, sin esperar nada a cambio. Todo en mi vida ha sido y seguirá siendo perfecto. Mi vida se convirtió en una ilusión mágica en la cual aprendo y gozo al máximo cada día. Aprendí que mis declaraciones son poderosas y genero al momento. Aprendí que soy responsable de mi vida y entorno. Siempre y cuando crea en mi magia, soy feliz. **Isabel, Monterrey, México.**

Un proceso desafiante, cargado de un tesoro de información, de auto-aprendizaje, apoyo incondicional, evolución, crecimiento y resultados extraordinarios. Fue la oportunidad perfecta de generar

excelentes relaciones con mi mamá (Lucy), mis hermanos (Iván, Juanita y Mayra), mi abuelita (Lucita), mis amigos (Tadeo, Alan, Vicente, José Juan, Jacob y Luis). De alinear y compartir mis sueños con Katia, de crecer y evolucionar, de amarla y conocerla aún más, de enamorame con todo mi corazón. Generar mi maestría en Inglaterra que va a darme la oportunidad de obtener una vida próspera y plena.
Marco, Monterrey, México.

Interrupción, quiebres, honestidad, despegar, volar, liderazgo, soltar, rediseño, fe, confiar, creer, realizarme, madurez y grandeza.
Susana, Monterrey, México.

Una familia unida, transformadora, amorosa, feliz. Apertura en mi vida, cercanía con mis seres queridos. Aceptación, nuevo cuerpo, amigos, dinero, oportunidad de hacer algo grande en mi vida, en mi entorno, en mi ciudad. Energía, comprensión, amistad. Seguridad, amor al 100%. Di todo y gané todo. Lo he ganado todo, generé reconocimiento de saber que soy fuente de energía absoluta e infinita.
Luis, Monterrey, México.

He aprendido a amarme, amar a los demás a los míos, saber perdonarme y perdonar, reconocerme y dar el valor del ser que soy. Integrar a mi familia, salvar el matrimonio de mi hija y, al enrolar a mi yerno y mi hija, haberlos unido también a los talleres ¡WOW! Su matrimonio vuelve a la normalidad. Saber y sentir que el dolor de mi espalda mejoró bastante.
Rosalía, Hidalgo, México.

Saber quién soy, que mi vida tomara un rumbo, conocer lo que puedo hacer, apoyo y amor incondicional, rediseño total, creer que nada es por casualidad, perdonar a mi padre luego de más de 25 años de no saber nada de él. Amistad, trabajo en equipo, confianza, no tomarme las cosas personales, amarme, valorarme, saber que puedo lograr grandes cosas y hacer la diferencia.
Judith, Monterrey, México.

Una transformación de vida, de 180 grados, aprender a perdonar, ser perdonada, amarme, aceptarme, valorarme, ir por mis sueños y saber que puedo lograrlos, creérmela, reconocer mis logros, rediseño total y constante, apoyo incondicional, una nueva familia, amigos, encontrar y/o generarme esos seres maravillosos y extraordinarios, comprometidos y entregados. Renacer luego de estar al borde del suicidio, donde nada tenía sentido, es como esa chispa al final del camino negro y frío por el cual iba. Encontrar el sentido a la vida, tomar el sabor de las cosas, sentir, amar, despertar, abrir los ojos. Reencontrarme con mi ser, con esa luz que se estaba apagada.
Lety, Monterrey, México.